40 Recetas de Pérdida de Peso para un Estilo de Vida Ocupado:

La Solución para Tratar la Obesidad

por

Joseph Correa

Nutricionista de Deportes Certificado

DERECHOS DE AUTOR

© 2016 Finibi Inc

Todos los derechos reservados

La reproducción o traducción de cualquier parte de este trabajo más allá de lo permitido por el artículo 107 o 108 de la Ley 1976 de Derechos de Autor de Los Estados Unidos y sin el permiso del propietario del copyright es ilegal.

Esta publicación está diseñada para proporcionar información precisa y fidedigna en lo que respecta al tema en cuestión. Este libro se vende con el entendimiento de que ni el autor ni el editor se dedican a prestar ayuda médica. Si se necesita consejo médico o ayuda, consulte con un médico. Este libro es considerado como una guía y no debe ser utilizado de ninguna manera perjudicial para su salud. Consulte con un médico antes de comenzar este plan nutricional para asegurarse de que sea adecuado para usted.

AGRADECIMIENTOS

La realización y el éxito de este libro no podría haber sido posible sin la motivación y el apoyo de toda mi familia.

40 Recetas de Pérdida de Peso para un Estilo de Vida Ocupado:

La Solución para Tratar la Obesidad

por

Joseph Correa

Nutricionista de Deportes Certificado

CONTENIDOS

Derechos de autor

Agradecimientos

Sobre el Autor

Introducción

Calendario

40 Recetas de Pérdida de Peso para un Estilo de Vida Ocupado: La Solución para Tratar la Obesidad

Otros Magníficos Títulos de Este Autor

SOBRE EL AUTOR

Como nutricionista deportivo certificado, sinceramente creo en los efectos positivos que una nutrición adecuada puede tener sobre el cuerpo y la mente. Mi conocimiento y experiencia me ha ayudado a vivir más saludable a lo largo de los años y lo he compartido con familiares y amigos. Cuanto más sepa sobre cómo comer y beber de forma más saludable, más pronto usted tendrá que cambiar su vida y hábitos alimentarios.

La nutrición es una parte fundamental en el proceso de estar sano y vivir más tiempo, así que empiece hoy.

INTRODUCCIÓN

40 Recetas de Pérdida de Peso para un Estilo de Vida Ocupado le ayudará a perder peso de manera natural y eficiente. Saber qué y cuándo comer hará toda la diferencia en el mundo. Si usted no ha tenido éxito en el pasado con la pérdida de esa cantidad de grasa no deseada, ahora es su oportunidad de hacer ese cambio. Lea este libro y empiece a vivir la vida que se merece. El calendario y las recetas de comidas son fáciles de seguir y entender.

Estar demasiado ocupado para comer bien, a veces, puede convertirse en un problema y es por eso que este libro le va a ahorrar tiempo y ayudar a nutrir su cuerpo para lograr las metas que quiera.

Este libro lo ayudará a:

-Perder peso rápido al comer comidas deliciosas.

-Tener más energía.

-Acelerar su metabolismo naturalmente para adelgazar

-Mejorar su sistema digestivo

Joseph Correa es un nutricionista deportivo certificado y un atleta profesional.

CALENDARIO DE PÉRDIDA DE PESO

Semana 1

Día 1:

Frutas y yogur de frutos secos

Sopa de huevo con pollo y fideos

Pilaf de hongos con limón

Día 2:

Huevo y desayuno vegetariano cocido

Pavo revuelto frito

Berenjena rellena

Día 3:

Desayuno de Guacamole

Salmón a al parrilla frotado con limón

Ensalada de naranja, nuez y queso azul

Día 4:

Licuado saludable

Pollo y ensalada de maíz

Curry rojo vegetariano

Día 5:

Panqueques de plátano y harina de avena

Trucha picante

Calabacines rellenos

Día 6:

Atún en pan tostado

Carne con ajo

Ensalada de fruta

Día 7:

Tocino y tortilla de queso brie con ensalada

Arroz y sopa de tomate

Trucha ahumada con ensalada de remolacha, hinojo y manzana

Semana 2

Día 1:

Licuado de bayas

Espaguetis de limón con brócoli y atún

Hongos condimentados

Día 2:

Envolturas de pavo y cebolla de primavera

Pollo con champiñones

Arroz mexicano y ensalada de frijoles

Día 3:

Huevos escalfados con salmón ahumado y espinacas

Frijol y chile

Vegetal tailandés y caldo de leche de coco

Día 4:

Humus con pan de pita y verduras

Pescado a la parrilla con tomates marroquíes condimentados

Sopa de lentejas, zanahoria y naranja

Día 5:

Harina de avena con manzanas y pasas

Estofado de mariscos picantes

Garbanzos y espinacas al curry

Día 6:

Feta y tortilla de tomates semisecos

Pollo relleno de espinacas y dátiles

Zanahorias asadas con granada y queso azul

Día 7:

Frutas y yogur de frutos secos

Curry de gambas

Arroz mexicano y ensalada de frijoles

Semana 3

Día 1:

Tocino y tortilla de queso brie con ensalada

Frijol y chile

Trucha picante

Día 2:

Licuado saludable

Carne con ajo

Berenjena rellena

Día 3:

Desayuno Guacamole

Pavo revuelto frito

Ensalada de fruta

Día 4:

Huevo y desayuno vegetariano cocido

Salmón asado frotado con limón

Curry rojo vegetariano

Día 5:

Panqueques de plátano y harina de avena

Sopa de huevo con pollo y fideos

Trucha ahumada con ensalada de remolacha, hinojo y manzana

Día 6:

Atún en pan tostado

Arroz y sopa de tomate

Calabacines rellenos

Día 7:

Licuado de bayas

Pollo y ensalada de maíz

Aderezo de naranja, nuez y queso azul

Semana 4

Día 1:

Harina de avena con manzanas y pasas

Espaguetis de limón con brócoli y atún

Sopa de lentejas, zanahoria y naranja

Día 2:

Huevos escalfados con salmón ahumado y espinacas

Pollo con champiñones

Garbanzos y espinacas al curry

Día 3:

Envolturas de pavo y cebolla de primavera

Estofado de mariscos picante

Zanahorias asadas con granada y queso azul

Día 4:

Tortilla de queso feta y tomates semisecos

Frijol y chile

Ensalada de fruta

Día 5:

Humus con pan de pita y verduras

Curry de gambas

Arroz mexicano y ensalada de frijoles

Día 6:

Frutas y yogur de frutos secos

Pollo relleno de espinacas y dátiles

Vegetal tailandés y caldo de coco

Día 7:

Desayuno con Guacamole

Trucha picante

Berenjena rellena

2 días adicionales para un mes completo:

Día 1:

Licuado saludable

Pollo y ensalada de maíz

Ensalada de naranja, nuez y queso azul

Día 2:

Atún en pan tostado

Pavo revuelto frito

Curry rojo vegetariano

RECETAS PARA PERDER PESO

DESAYUNO

1. Tortilla de queso feta y tomates semisecos

Una receta muy rápida, sencilla, baja en calorías que le dará a su día el puntapié inicial que se merece. Para una pizca extra de sabor, utilice los tomates que se han conservado en una mezcla de aceite de oliva y hierbas italianas.

Ingredientes (1 porción):

2 huevos ligeramente batidos

25 gr. de queso feta desmenuzado

4 tomates semisecos picados

1 cucharadita de aceite de oliva

hojas de ensalada mixta para servir

Tiempo de preparación: 5 minutos

Tiempo de cocción: 5 minutos

Preparación:

Caliente el aceite en una sartén pequeña que no se pegue, luego agregue los huevos y cocine, revolviendo con una cuchara de madera. Cuando los huevos estén un poco derretidos en el medio, agregue los tomates y el queso feta, luego doble la tortilla por la mitad. Cocine durante 1 minuto, luego deslícelo en un plato y sirva con una mezcla de hojas de ensalada.

Valor nutricional por porción: 300 kilocalorías, 18 gr. de proteínas, 20 gr. de grasas (7 gr. de grasas saturadas), 5 gr. de carbohidratos (1 gr. de fibra, 4 gr. de azúcar), 1,8 gr. de sal, 15% de calcio, 22% de vitamina D, 20% de vitamina A, 15% de vitamina C, 25% de vitamina B12.

2. Harina de avena con manzanas y pasas

Un desayuno caliente, delicioso y rico en calcio es fácil de digerir en el estómago y es perfecto antes de hacer cualquier ejercicio, debido a su alto contenido en carbohidratos. Espolvoree con un poco de canela para una fragancia amaderada dulce.

Ingredientes (2 porciones):

50 gr. de avena

250 ml de leche descremada

2 manzanas peladas y en cubitos

50 gr. de pasas

½ cucharada de miel

Tiempo de preparación: 5 minutos

Tiempo de cocción: 10 minutos

Preparación:

Hierva la leche en una cacerola a fuego medio y revuelva con la avena durante 3 minutos. Cuando la mezcla se vuelva cremosa, agregue las manzanas y las pasas y deje hervir durante otros 2 minutos. Sirva la mezcla en 2 tazones, agregue la miel y sirva inmediatamente.

Valor nutricional por porción: 256 kilocalorías, 9 gr. de proteínas, 2 gr. de grasas (1 gr. de grasas saturadas), 47 gr. de carbohidratos (4 gr. de fibras, 34 gr. de azúcar), 17% de calcio, 11% de hierro, 17% de magnesio.

3. Humus con pan de pita y verduras

Se trata de un desayuno sencillo y nutritivo que se puede preparar de forma rápida en la mañana y llevarlo al trabajo. Los humus permanecen en la heladera y las verduras se pueden rellenar en el pan de pita, preparando un sándwich sencillo.

Ingredientes (2 personas):

1 lata de 200 gr. de garbanzos escurridos

1 diente de ajo machacado

25 gr. de pasta de sésamo

¼ cucharadita de comino

jugo de limón exprimido de ¼ de limón

sal, pimienta

3 cucharadas de agua

2 pan de pita de trigo integral

200 gr. de verduras combinadas (zanahorias, apio, pepino)

Tiempo de preparación: 15 minutos

Sin cocinar

Preparación:

Combine los garbanzos, el ajo, el tahini, el comino, el jugo de limón, la sal, la pimienta y el agua en un procesador de alimentos y revuelva varias veces hasta que la mezcla se vuelva cremosa.

Sirva con pan de pita tostado y mezcla de verduras.

Valor nutricional por porción: 239 kilocalorías, 9 gr. de proteínas, 9 gr. de grasas (1 gr. de grasas saturadas), 28 gr. de carbohidratos (6 gr. de fibras, 4 gr. de azúcar), 1,1 gr. de sal, 27% de hierro, 23% de magnesio, 14% de vitamina B1.

4. Envolturas de pavo y cebolla de primavera

¿Qué mejor manera de utilizar trozos de pavo de sobra para hacer un rápido y delicioso sándwich de tortilla? Dése un gusto comiendo un alimento que es alto en proteínas, bajo en grasas saturadas y con el sabor picante de la albahaca.

Ingredientes (2 porciones):

130 gr. de pavo cocido rallado (hervido o asado)

3 cebollas de primavera trituradas

1 trozo de pepino rallado

2 hojas de lechuga rizadas

1 cucharada de mayonesa baja en grasa

1 cucharada de pesto

2 tortillas de harina de trigo integral

Tiempo de preparación: 5 minutos

Sin cocinar

Preparación:

Mezcle el pesto y la mayonesa. Divida el pavo, la cebolla, los pepinos y las hojas de lechuga entre las 2 tortillas. Rocíe sobre el aderezo del pesto, envuelva todo y sirva.

Valor nutricional por porción: 267 kilocalorías, 24 gr. de proteínas, 9 gr. de grasas (2 gr. de grasas saturadas), 25 gr. de carbohidratos (2 gr. de fibras, 3 gr. de azúcar), 1,6 gr. de sal, 34% de vitamina B3, 27% de vitamina B6.

5. Licuado con bayas

¿Qué mejor manera de conseguir el calcio necesario para la mitad de un día que con esta comida a base de yogur cremoso? Agregue un poco de fibras y hágalo aún más nutritivo al guardar la mitad de las bayas de la licuadora y colocarlas cuando el licuado esté hecho.

Ingredientes (2 personas):

450 gr. de bayas congeladas

450 gr. de yogur descremado

100 ml de leche descremada

25 gr. de copos de avena

1 cucharadita de miel (opcional)

Tiempo de preparación: 10 minutos

Sin cocinar

Preparación:

Mezcle la bayas, el yogur y la leche en un procesador de alimentos hasta que quede batido. Luego, agregue y revuelva los copos de avena y vierta en 2 vasos. Sirva con un poco de miel.

Valor nutricional por porción: 234 kilocalorías, 16 gr. de proteínas, 2 gr. de grasas (2 gr. de grasas saturadas), 36 gr. de carbohidratos (14 gr. de azúcar), 45% de calcio, 11% de magnesio, 18% de vitamina B2, 21% de vitamina B12.

6. Huevos escalfados con salmón ahumado y espinacas

Un desayuno delicioso y rico en proteínas que le dará a su día un comienzo muy satisfactorio. Usted no tendrá ningún problema en alcanzar su cantidad diaria necesaria de vitamina A y su corazón va a agradecerle por la cantidad abundante de ácidos grasos omega-3.

Ingredientes (1 porción):

2 huevos

100 gr. de espinacas picadas

50 gr. de salmón ahumado

1 cucharada de vinagre blanco

un poco de mantequilla para esparcir

1 rebanada de pan de trigo integral tostado

Tiempo de preparación: 5 minutos

Tiempo de cocción: 20 minutos

Preparación:

Caliente una sartén antiadherente, agregue las espinacas y revuelva durante 2 minutos.

Para escalfar los huevos, ponga una olla con agua a punto de ebullición, agregue el vinagre y luego baje el fuego para que el agua hierva. Revuelva el agua hasta que tenga un ligero remolino, luego deslice los huevos uno por uno. Cocine cada uno por unos 4 minutos y luego retire el huevo con una espumadera.

Unte con mantequilla la tostada y luego coloque sobre esto las espinacas, el salmón ahumado y los huevos. Condimente según sea necesario y sirva.

Valor nutricional por porción: 349 kilocalorías, 31 gr. de proteínas, 19 gr. de grasas (6 gr. de grasas saturadas), 13 gr. de carbohidratos (4 gr. de fibras, 2 gr. de de azúcar), 3,6 gr. de sal, 23% de hierro, 23% de magnesio, 197% de vitamina A, 46% de vitamina C, 21 % de vitamina D, 15% de vitamina B6, 18% de vitamina B12.

7. Tocino y tortilla de queso brie con ensalada

Una tortilla sabrosa para aquellos que prefieren empezar el día con un relleno sano de huevos y proteína. Corte la tortilla en trozos para darle un aspecto de frittata y dele sabor con una ensalada en lugar de pan para reducir las calorías.

Ingredientes (2 porciones):

3 huevos ligeramente batidos

100 gr. de toreznos ahumados

50 gr. de queso brie en rodajas

un pequeño manojo de cebollino picado

1 cucharada de aceite de oliva

½ cucharadita de vinagre de vino tinto

½ cucharadita de mostaza de Dijon

½ pepino reducido a la mitad y sin semillas

100 gr. de rábanos en cuartos

Tiempo de preparación: 5 minutos

15 minutos de tiempo de cocción

Preparación:

Caliente 1 cucharadita en una pequeña sartén, agregue los torreznos y comience a freírlos hasta que estén crujientes, luego sáquelos de la sartén y escúrralos con papel de cocina.

Caliente 1 cucharadita de aceite en una sartén antiadherente para freír, luego mezcle los torreznos, los huevos y un poco de pimienta molida. Vierta la mezcla en la sartén y cocine a fuego lento hasta que esté casi hecho, luego agregue el queso Brie y cocine hasta que esté dorado.

Mezcle el resto de aceite de oliva, vinagre, condimentos y la mostaza en un tazón y revuelva los rábanos y el pepino. Sirva junto con la tortilla.

Valor nutricional por porción: 395 kilocalorías, 25 gr. de proteínas, 31 gr. de grasas (12 gr. de grasas saturadas), 3 gr. de carbohidratos (2 gr. de fibra, 3 gr. de azúcar), 2,2 gr. de sal, 10% de vitamina A, 13% de vitamina C, 15% de vitamina D, 13% de vitamina B12.

8.   Licuado saludable

Un licuado vegetariano libre de productos lácteos con zumo de granada que le brindará la energía necesaria para trabajar o mantener su entrenamiento. Usted puede agregar una cucharada de semillas de linaza para otros 2 gr. de fibras por el bajo costo de unas 37 kilocalorías extras.

Ingredientes (1 porción):

125 ml de leche de soja

150 ml de jugo de granada

30 gr. de tofu

1 plátano grande cortado en trozos

1 cucharadita de miel

1 cucharada de almendras

2 cubos de hielo

Tiempo de preparación: 5 minutos

Sin cocinar

Preparación:

Mezcle la leche de soja y el jugo de granada con 2 cubos de hielo hasta que el hielo se haya roto.

Agregue el plátano, la miel y el queso de soja y mezcle hasta que esté batido, luego vierta la mezcla en un vaso y espolvoree con las almendras fileteadas.

Valor nutricional por porción: 366 kilocalorías, 10 gr. de proteínas, 12 gr. de grasas (1 gr. de grasas saturadas), 55 gr. de carbohidratos (4 gr. de fibras, 50 gr. de azúcar), 13% de calcio, 11% de hierro, 15% de magnesio, 14% de vitamina C, 25% de vitamina B6.

9. Atún en pan tostado

Una receta rápida y baja en calorías que proporciona una alta cantidad de vitamina B12 que protege nuestras neuronas. Si quiere un impulso de energía, coloque la pasta en un pedazo de pan de trigo integral con alrededor de 120 kilocalorías por pieza y sirva con el pimiento al costado.

Ingredientes (4 porciones):

2 latas de atún en agua drenadas hasta la mitad (185 gr.)

3 huevos duros

1 cebolla de primavera finamente picada

5 pequeños encurtidos cortados en cubitos

sal, pimienta

4 pimientos reducidos a la mitad sin semillas

Tiempo de preparación: 5 minutos

Tiempo de cocción: 10 minutos

Preparación:

Combine el atún, los huevos, la cebolla de primavera, los encurtidos y condimentos en un procesador de alimentos y mezcle hasta que esté batido.

Rellene las mitades de los pimientos con la composición y sirva.

Valor nutricional por porción: 240 kilocalorías, 23 gr. de proteínas, 8 gr. de grasas (2 gr. de grasas saturadas), 4 gr. de carbohidratos (1 gr. de fibras, 2 gr. de azúcar), 14% de magnesio, 47% de vitamina A, 28% de vitamina B6, 142% de vitamina B12.

10. Panqueques de plátano y harina de avena

Disfrute esta versión más saludable de panqueques que reemplaza la harina común con copos de avena. El plátano es un sustituto sutil de la azúcar, pero también se puede agregar 1 cucharadita de miel (23 kilocalorías por cucharadita), si le apetece.

Ingredientes (8 panqueques):

50 gr. de copos de avena

4 huevos ligeramente batidos

2 plátanos cortados en trozos

½ cucharadita de canela

1 cucharadita de aceite de oliva para cada panqueque

Tiempo de preparación: 5 minutos

Tiempo de cocción: 30 minutos

Preparación:

Combine todos los ingredientes en un procesador de alimentos. Caliente una sartén antiadherente para freír, agregue una cucharadita de aceite y coloque ¼ de taza de la mezcla en la sartén. Cocine cada tamaño hasta que el panqueque se vuelva ligeramente marrón.

Valor nutricional por panqueque: 135 kilocalorías, 4 gr. de proteínas, 13 gr. de grasas (3 gr. de grasas saturadas), 10 gr. de carbohidratos (1 gr. de fibras, 3 gr. de azúcar).

11. Desayuno con Guacamole

No se puede perder una comida que contiene aguacate. Alto en grasas saludables y fibras, con una textura suave y un sabor rico realzado por un poco de jugo de limón, este desayuno con guacamole le dará la energía necesaria hasta el almuerzo.

Ingredientes (2 porciones):

1 aguacate maduro

1 tomate grande picado

1 cebolla de primavera finamente picada

1 diente de ajo machacado

jugo de limón de ½ limón

sal

pimienta negra

2 rebanadas de pan de trigo integral tostado

Tiempo de preparación: 5 minutos

Sin cocinar

Preparación:

Corte el aguacate por la mitad, a lo largo, luego saque la pulpa con una cuchara y colóquela en un tazón grande. Tritúrela con un tenedor. Vierta el jugo de limón sobre la pulpa y agregue el tomate picado, la cebolla de primavera y el ajo. Condimente con sal y mucha pimienta negra. Mezcle todo, luego colóquelo sobre un pedazo de pan tostado y sirva inmediatamente.

Valor nutricional por porción: 280 kilocalorías, 9 gr. de proteínas, 13 gr. de grasas (2 gr. de grasas saturadas), 30 gr. de carbohidratos (9 gr. de fibras, 5 gr. de azúcar), 10% de hierro, 17% de magnesio, 14% de vitamina A, 29% de vitamina C, 17% de vitamina B6.

12. Huevo y desayuno vegetariano cocido

Un desayuno novedoso y fácil de preparar que cocina un huevo en lugar de freírlo, evitando una cantidad considerable de grasas saturadas. Los huevos hacen que este desayuno sea una comida deliciosa, mientras que las verduras no sólo son sabrosas sino que también poseen una alta cantidad de vitamina A y C.

Ingredientes (1 porción):

2 grandes champiñones

2 tomates medianos cortados por la mitad

100 gr. de espinacas

2 huevos

1 diente de ajo en rodajas finas

1 cucharadita de aceite de oliva

Tiempo de preparación: 5 minutos

Tiempo de cocción: 30 minutos

Preparación:

Precaliente el horno eléctrico a 200ºC o el horno a gas a la sexta intensidad. Ponga los tomates y los champiñones en una fuente refractaria. Agregue el ajo, coloque el aceite y el condimento y luego hornee durante 10 minutos.

Ponga las espinacas en una sartén grande, luego vierta agua hirviendo sobre una olla hasta que se marchite. Exprima el exceso de agua y luego agregue las espinacas al plato. Haga un pequeño espacio entre las verduras y rompa los huevos en el plato. Cocine durante otros 10 minutos en el horno hasta que los huevos estén hechos.

Valor nutricional por porción: 254 kilocalorías, 18 gr. de proteínas, 16 gr. de grasas (4 gr. de grasas saturadas), 16 gr. de carbohidratos (6 gr. de fibras, 10 gr. de azúcar), 31% de hierro, 17% de calcio, 29% de magnesio, 238% de vitamina A, 11% vitamina D, 102% de vitamina C, 18% de vitamina B1, 51% de vitamina B2, 20% de vitamina B3, 29% de vitamina B6, 22% de vitamina B12.

13. Frutas y yogur de frutos secos

Una gran alternativa a los cereales, este desayuno alto en carbohidratos lo mantendrá lleno hasta el almuerzo y le dará la energía que necesita para empezar a realizar sus tareas. La mezcla de nueces proporciona una gran cantidad de grasas saludables, mientras que el yogur le brinda la cantidad de calcio que usted necesita durante la mitad del día.

Ingredientes (1 porción):

1 plátano de tamaño mediano en rodajas

100 gr. de arándanos (frescos o congelados y descongelados)

20 gr. de nueces

20 gr. de avellanas

10 gr. de pasas

200 gr. de yogur descremado

Tiempo de preparación: 5 minutos

Sin cocinar

Preparación:

Mezcle la fruta con las nueces, coloque la mezcla en un tazón con yogur y sirva.

Valor nutricional por porción: 450 kilocalorías, 13 gr. de proteínas, 25 gr. de grasas (2 gr. de grasas saturadas), 54 gr. de carbohidratos (9 gr. de fibras, 32 gr. de azúcar), 44% de calcio, 16% de magnesio, 30% de vitamina C, 36% de vitamina B6.

ALMUERZO

14. Sopa de huevo con pollo y fideos

Un plato rápido y fácil de hacer, perfecto para una comida de mediodía. Los fideos contienen suficiente energía impulsando los carbohidratos que lo sostendrán durante todo el día y la carne posee una alta cantidad de vitamina B.

Ingredientes (2 porciones):

1 pechuga de pollo sin hueso cortada en cubitos

1 huevo batido

0.6 l de sopa de pollo

1 cebolla de primavera finamente picada

70 gr. de fideos de trigo integral

70 gr. de granos de elote dulce o maíz tierno reducido a la mitad en sentido longitudinal

zumo de limón

¼ cucharadita de vinagre de jerez

Tiempo de preparación: 10 minutos

Tiempo de cocción: 15 minutos

Preparación:

Coloque el pollo y la sopa en una olla grande y cocine a fuego lento durante 5 minutos. Los fideos van a ser cocinados siguiendo las instrucciones en el paquete.

Agregue el maíz y hierva durante 2 minutos. Revuelva el caldo y mientras se esté cocinando, coloque un tenedor sobre la sartén y vierta los huevos sobre los dientes del tenedor en un movimiento lento. Revuelva de nuevo en la misma dirección y luego sáquelo del fuego. Agregue el jugo de limón y el vinagre.

Escurra los fideos y distribúyalos entre 2 tazones. Vierta el caldo, desparrámelo con la cebollas picadas y sirva.

Valor nutricional por porción: 273 kilocalorías, 26 gr. de proteínas, 9 gr. de grasas (1 gr. de grasas saturadas), 30 gr. de carbohidratos (3 gr. de fibras, 2 gr. de azúcar), 1 gr. de sal, 96% de vitamina B3, 42% de vitamina B6.

15. Pollo y ensalada de maíz

Este plato consiste en un pollo condimentado con pimentón, servido con maíz dulce asado y lechuga fresca y crujiente, acompañado de una rápida y saludable ensalada con grandes cantidades de vitamina B.

Ingredientes (2 porciones):

2 pechugas de pollo pequeñas sin piel

1 mazorca de maíz

2 pequeñas lechugas cortadas en cuatro trozos longitudinales

½ pepino cortado en cubitos

1 diente de ajo machacado

1 cucharada de aceite de oliva

1 cucharadita de pimentón

jugo de limón de medio limón

aderezo para ensalada (2 porciones):

1 diente de ajo machacado

75 ml de leche cuajada

1 cucharada de vinagre de vino blanco

Tiempo de preparación: 20 minutos

Tiempo de cocción: 20 minutos

Preparación:

Corte las pechugas de pollo por la mitad de forma longitudinal, de manera que usted se quede con 4 tiras de pollo. Mezcle el pimentón, el ajo, el aceite y 1 cucharadita de jugo de limón con un poco de condimento y deje marinar el pollo por lo menos durante 20 minutos.

Caliente una sartén, agregue el aceite restante y cocine el pollo durante 3-4 minutos de cada lado hasta que esté bien cocido. Vierta el aceite restante y cocine el maíz a la plancha durante unos 5 minutos o hasta que esté ligeramente carbonizado. Asegúrese de cocinar de manera uniforme. Retire las mazorcas de maíz y corte los granos.

Combine los ingredientes para el aderezo.

Mezcle el pepino y la lechuga, ponga el pollo y el maíz en la parte superior y vierta el aderezo.

Valor nutricional por porción: 253 kilocalorías, 29 gr. de de proteínas, 8 gr. de grasas (1 gr. de grasas saturadas), 14 gr. de carbohidratos (3 gr. de fibras, 6 gr. de azúcar), 20% de hierro, 40% de magnesio, 96% de vitamina B3, 72% de vitamina B6.

16. Espaguetis de limón con brócoli y atún

15 minutos es todo lo que necesita para preparar esta pasta de pescado picante que le va a dar una cantidad de energía significativa. La mezcla de espaguetis, atún y vegetales hacen que este sea un plato versátil y nutritivo.

Ingredientes (2 porciones):

180 gr. de fideos de trigo integral

100 gr. de lata de atún en aceite drenado

125 gr. de brócoli cortado en floretes

40 gr. de aceitunas verdes deshuesadas cortadas en cuatro partes

1 cucharada de alcaparras enjuagadas

jugo y ralladura de 1 limón

1 cucharada de aceite de oliva, más un cucharada más para vertir

Tiempo de preparación: 5 minutos

Tiempo de cocción: 10 minutos

Preparación:

Cocine la pasta de acuerdo a las instrucciones en el paquete. Luego de 6 minutos de cocción, agregue el brócoli y hierva durante 4 minutos o más hasta que ambos estén tiernos.

Mezcle la aceitunas, los chalotes, las alcaparras, el atún, la ralladura y el juego de limón en un tazón grande. Escurra la pasta y el brócoli, agregue al tazón, mezcle bien con el aceite de oliva y pimienta negra y sirva.

Valor nutricional por porción: 440 kilocalorías, 23 gr. de proteínas, 11 gr. de grasas (2 gr. de grasas saturadas), 62 gr. de carbohidratos (5 gr. de fibras, 4 gr. de de azúcar), 1,4 gr. de sal, 12% de hierro, 20% de magnesio, 25% de vitamina A, 50% de vitamina B3, 25% de vitamina B6, 90% de vitamina B12.

17. Salmón asado frotado con limón

Rico en grasas saludables, proteínas y vitaminas B, el salmón es un pescado que definitivamente merece un lugar en su plato. Sirva con una mezcla sencilla de tomate y ensalada verde para saborear el buen gusto de esta comida a limón.

Ingredientes (2 porciones):

2*150 gr. de filetes de salmón sin hueso

jugo y ralladura de ½ limón

10 gr. de estragón fresco finamente picado

1 diente de ajo finamente picado

1 cucharada de aceite

Tiempo de preparación: 5 minutos

Tiempo de cocción: 10 minutos

Preparación:

Revuelva la ralladura y jugo de de limón, el ajo, el estragón y el aceite de oliva en un plato, condimente con sal y pimienta y luego agregue los filetes de salmón. Coloque la mezcla sobre el pescado, tape y deje reposar por 10 minutos.

Caliente la parrilla a alta temperatura, retire los filetes de salmón de la marinada, póngalos en una bandeja para hornear y cocine durante 7-10 minutos.

Valor nutricional por porción: 322 kilocalorías, 31 gr. de proteínas, 22 gr. de grasas (4 gr. de grasas saturadas), 1 gr. de carbohidratos, 12% de vitamina B2, 30% de vitamina B1, 60% de vitamina B3, 45% de vitamina B6, 79% de vitamina B12.

18.   Sopa de tomate con arroz

Es un plato principal abundante. La sopa de tomate con arroz es una gran manera de aprovechar los tomates frescos y salados disponibles en verano. También puede servirse frío para un efecto refrescante.

Ingredientes (2 porciones):

70 gr. de arroz integral

200 gr. de tomates picados

1 cucharadita de puré de tomate

1 cebolla de primavera finamente picada

1 zanahoria pequeña finamente picada

½ tallo de apio finamente picado

½ caldo de verduras hecho con 1 cubo

1 cucharadita de azúcar en polvo de oro dorada

1 cucharadita de vinagre

algunas hojas de perejil picadas

unas pocas gotas de pesto para servir (opcional)

Tiempo de preparación: 10 minutos

Tiempo de cocción: 35 minutos

Preparación:

Caliente el aceite en una sartén grande, agregue la zanahoria, el apio y la cebolla y cocine a fuego medio hasta que se ablanden. Agregue el vinagre y el azúcar, cocine durante 1 minuto y luego revuelva el puré de tomate. Agregue los tomates, el caldo de verduras y el arroz integral, tape y cocine a fuego lento durante 10 minutos.

Divida esto en 2 tazones, espolvoree un poco de perejil, luego condimente. Agregue pesto si desea.

Valor nutricional por porción: 213 kilocalorías, 6 gr. de proteínas, 3 gr. de grasas (1 gr. de grasas saturadas), 39 gr. de carbohidratos (4 gr. de fibras, 13 gr. de azúcar), 1,6 gr. de sal, 16% de vitamina A, 22% de vitamina C.

19. Pollo relleno de espinacas y dátiles

Alto en proteínas, con una cantidad equilibrada de hidratos de carbono y muchas vitaminas, este plato saludable cubre casi todo, desde nutrientes hasta el sabor. El dátil y la espinaca rellena añade una dulzura bienvenida.

Ingredientes (2 porciones):

2 pechugas de pollo sin hueso y sin piel

100 gr. de espinacas picadas

1 cebolla pequeña finamente picada

1 diente de ajo finamente picado

4 dátiles finamente picados

1 cucharada de jugo de granada o miel

1 cucharadita de comino

1 cucharada de aceite de oliva

100 gr. de judías verdes congeladas

Tiempo de preparación: 10 minutos

Tiempo de cocción: 15 minutos

Preparación:

Precaliente el horno eléctrico a 200ºC o el horno a gas a la sexta intensidad. Caliente el aceite en una sartén antiadherente, agregue la cebolla, el ajo y una pizca de sal y cocine por 5 minutos antes de agregar los dátiles, la espinaca y ½ de comino. Cocine durante otros 1-2 minutos.

Corte las pechugas de pollo por la mitad, de forma longitudinal, y deje una parte intacta de manera que sea capaz de abrirlas como un libro. Rellene las pechugas de pollo y póngalas en una bandeja de horno, agregue el resto del comino y condimento, rocíe con la miel o jugo de granada y hornee durante 20 minutos.

Valor nutricional por porción: 253 kilocalorías, 36 gr. de proteínas, 4 gr. de grasas (1 gr. de grasas saturadas), 21 gr. de carbohidratos (3 gr. de fibras), 17% de hierro, 23% de magnesio, 97% de vitamina A, 36% de vitamina C, 96% de vitamina B3, 49% de vitamina B6.

20.   Frijol y chile

Es un almuerzo vegetariano sano con un toque picante. Este plato es una gran manera de conseguir 1/2 a 1/3 de la cantidad diaria necesaria de fibra. Puede servirlo junto a una pequeña porción de arroz integral hervido con alrededor de 170 kilocalorías añadidas a su comida.

Ingredientes (2 porciones):

170 gr. de pimientos sin semillas y en rodajas

200 gr. de frijoles rojos en salsa de chile

200 gr. de frijoles negros escurridos

200 gr. de tomates picados

1 cebolla pequeña picada

1 cucharadita de comino

1 cucharadita de chile en polvo

1 cucharadita de pimentón dulce ahumado

1 cucharada de aceite de oliva

Tiempo de preparación: 15 minutos

Tiempo de cocción: 30 minutos

Preparación:

Caliente el aceite en una sartén grande, agregue la cebolla y la pimienta y cocine durante 8-10 minutos hasta que se ablanden. Agregue las especias y cocine durante 1 minuto.

Coloque los frijoles y tomates, deje hervir y cocine a fuego lento durante 15 minutos. Cuando el chile esté más grueso, condimente y sirva.

Valor nutricional por porción: 183 kilocalorías, 11 gr. de proteínas, 5 gr. de grasas (1 gr. de grasas saturadas), 26 gr. de carbohidratos (12 gr. de fibras, 12 gr. de azúcar), 16% de hierro, 14% de magnesio, 16% de vitamina A, 22% de vitamina C, 14% de vitamina B1.

21. Carne con ajo

Disfrute de un filete de carne de vaca hecho rápidamente que no sólo es rico en proteínas y bajo en grasas y carbohidratos, sino que también posee una alta cantidad de vitamina B.

Ingredientes (2 porciones):

300 gr. de falda de res bien recortada

3 dientes de ajo

2 cucharadas de vinagre de vino tinto

1 cucharadita de pimienta negra

200 gr. de tomates cherry reducidos a la mitad con un chorrito de vinagre

Tiempo de preparación: 10 minutos

Tiempo de cocción: 15 minutos

Preparación:

Machaque los granos de pimienta y el ajo con una pizca de sal en un mortero hasta obtener una pasta ligeramente suave, luego agregue el vinagre. Coloque la carne en el plato, luego distribuya la pasta sobre esto. Deje reposar en la heladera durante 2 horas.

Coloque una sartén a fuego muy caliente. Frote el adobo sobre la carne, agregue más sal. Cocine la carne durante unos 5 minutos hasta que esté cocida en cada lado (asegúrese de que el corte no sea demasiado grueso). Levante la carne sobre una tabla de cortar, luego descanse durante 5 minutos antes de cortarla en rodajas. Sirva con tomates cherry.

Valor nutricional por porción: 223 kilocalorías, 34 gr. de proteínas, 6 gr. de grasas, 7 gr. de carbohidratos (1 gr. de fibras, 3 gr. de azúcar), 22% de hierro, 16% de vitamina A, 22% de vitamina C, 27% de vitamina B2, 42% de vitamina B3, 30% de vitamina B6, 64% de vitamina B12.

22. Pescado a la parrilla con tomates marroquíes condimentados

Una comida a base de besugo es una excelente fuente de proteínas. La salsa de Sudáfrica con sus especias aromáticas complementa su sabor y también se utiliza con las sardinas y el besugo.

Ingredientes (2 porciones):

2*140 gr. de filetes de besugo sin piel

3 tomates grandes

1 ½ pimiento rojo grande sin semillas y reducido a la mitad

2 diente de ajo machacado

20 ml de aceite de oliva

1 cucharadita de comino

1 cucharadita de pimentón molido

1/8 cucharadita de pimienta negra

una pizca de cayena

pequeño manojo de perejil picado

pequeño manojo de cilantro picado

Tiempo de preparación: 30 minutos

Tiempo de cocción: 15 minutos

Preparación:

Caliente la parrilla a alta temperatura, coloque los pimientos con la piel hacia arriba en una bandeja de horno y cocínelos en la parrilla hasta que estén negros y con ampollas. Colóquelos en un recipiente cubierto herméticamente y deje que se enfríe. Cuando estén fríos, quíteles las pieles quemadas, luego córtelos en trozos pequeños.

Pele los tomates, luego córtelos en cuatro partes, deseche las semillas y trócelos.

Caliente el aceite en una sartén grande, agregue el ajo, la pimienta molida y las especias y cocine durante 2 minutos. Agregue los pimientos y los tomates y cocine a fuego medio hasta que los tomates estén muy suaves. Aplaste los tomates blandos y continúe la cocción hasta que el líquido se reduzca a la salsa.

Caliente la parrilla a alta temperatura, coloque el pescado en una bandeja para hornear forrada con papel de aluminio ligeramente untado con aceite. Condimente y cocine por 4-5 minutos hasta que esté cocido. Divida la salsa entre los platos, coloque el pescado encima y sirva con las hierbas picadas.

Valor nutricional por porción: 308 kilocalorías, 25 gr. de proteínas, 18 gr. de grasas (2 gr. de grasas saturadas), 16 gr. de carbohidratos (4 gr. de fibras, 12 gr. de azúcar), 23% de magnesio, 45% de vitamina A, 55% de vitamina C, 12% de vitamina B1, 12% de vitamina B2, 14% de vitamina B3, 34% de vitamina B6.

23. Curry de gambas

Usted sólo necesita 20 minutos para hacer este delicioso plato de curry con sabor a marisco. La salsa de cerezas aromática y cremosa es ideal para combinarla con una porción de arroz integral hervido con alrededor de 175 kilocalorías por porción.

Ingredientes (2 porciones):

200 gr. de langostinos crudos congelados

200 gr. de tomates picados

25 gr. de crema de coco en bolsita

1 cebolla pequeña picada

1 cucharadita de pasta de curry rojo tailandés

½ cucharadita de raíz de jengibre fresco

1 cucharada de aceite de oliva

cilantro picado

Tiempo de preparación: 5 minutos

Tiempo de cocción: 15 minutos

Preparación:

Caliente el aceite en una cacerola. Coloque la cebolla y el jengibre y cocine por unos minutos hasta que se ablanden. Agregue la pasta de curry, revuelva y cocine por un minuto. Vierta sobre los tomates y crema de coco, deje hervir y luego cocine a fuego lento durante 5 minutos, añadiendo un poco de agua hirviendo si la mezcla se vuelve demasiado espesa.

Agregue los langostinos y cocine por otro 5-10 minutos. Espolvoree con el cilantro picado y sirva.

Valor nutricional por porción: 180 kilocalorías, 20 gr. de proteínas, 9 gr. de grasas (4 gr. de grasas saturadas), 6 gr. de carbohidratos (1 gr. de fibras, 5 gr. de de azúcar), 1 gr. de sal, 18% de hierro, 10% de magnesio, 20% de vitamina A, 26% de vitamina C, 13% de vitamina B3, 25% de vitamina B12.

24. Pollo con champiñones

Este guiso de pollo es un plato muy saludable ya que tiene una alta cantidad de proteínas que lo mantendrá lleno hasta la cena. Los muslos de pollo añaden sabor y jugosidad extra, mientras que los hongos son los causantes de la sensación picante de esta comida de baja calorías.

Ingredientes (2 porciones):

250 gr. de muslos de pollo sin piel y sin huesos

125 ml de caldo de pollo

25 gr. de guisantes congelados

150 gr. de hongos

25 gr. de cubetti di panceta

1 chalote grande picado

1 cucharada de aceite de oliva

1 cucharadita de vinagre de vino blanco

harina para espolvorear

pequeño puñado de perejil finamente picado

Tiempo de preparación: 15 minutos

Tiempo de cocción: 25 minutos

Preparación:

Caliente 1 cucharadita de aceite en una sartén antiadherente, condimente y espolvoree el pollo con la harina. Dore el pollo en todos los lados, luego retírelo y frite la panceta y los champiñones hasta que estén suaves.

Coloque el resto del aceite de oliva y cocine los chalotes durante 5 minutos. Agregue el caldo, el vinagre y burbujee por 1-2 minutos. Regrese el pollo, la panceta y los hongos a la sartén y cocine durante 15 minutos. Agregue los guisantes y el perejil, cocine por 2 minutos más y sirva.

Valor nutricional por porción: 260 kilocalorías, 32 gr. de proteínas, 13 gr. de grasas (3 gr. de grasas saturadas), 4 gr. de carbohidratos (3 gr. de fibras, 1 gr. de de azúcar), 1 gr. de sal, 21% de hierro, 39% de vitamina D, 12% de vitamina B2, 34% de vitamina B3, 17% de vitamina B6.

25. Pavo revuelto frito

Alto en proteínas, hecho de forma rápida y sabrosa, este plato es una comida picante perfecta. Su contenido en hidratos de carbono le proporciona una cantidad de energía considerable, por lo que también puede ser una comida ideal para antes de cualquier ejercicio.

Ingredientes (2 porciones):

200 gr. de filetes de pechuga de pavo cortados en tiras (quite la grasa)

150 gr. de fideos de arroz

170 gr. de judías verdes reducidas a la mitad

1 diente de ajo en rodajas

1 cebolla roja pequeña cortada

½ chile rojo finamente picado

jugo de ½ limón

½ cucharadita de aceite de oliva

½ cucharadita de chile en polvo

1 cucharadita de salsa de pescado

Menta picada

Cilantro picado

Tiempo de preparación: 10 minutos

Tiempo de cocción: 15 minutos

Preparación:

Cocine los fideos siguiendo las instrucciones en el paquete. Caliente el aceite en una sartén antiadherente y frite el pavo a fuego alto durante 2 minutos. Agregue la cebolla, el ajo y los frijoles y cocine por otros 5 minutos.

Coloque encima el jugo de limón, el chile fresco, el chile en polvo y la salsa de pescado, revuelva y cocine durante 3 minutos. Agregue los fideos y las hierbas de acuerdo al gusto y sirva.

Valor nutricional por porción: 425 kilocalorías, 32 gr. de proteínas, 3 gr. de grasas (1 gr. de grasas saturadas), 71 gr. de carbohidratos (4 gr. de fibras, 4 gr. de de azúcar), 1 gr. de sal, 12% de hierro, 10% de magnesio, 12% de vitamina A, 36% de vitamina C, 13% de vitamina B1, 24% de vitamina B2.

26. Trucha picante

Pruebe esta receta de trucha fácil y saludable para una comida ligera de verano. Este pescado blanco con limón es una gran fuente de vitamina B12 y puede ser servido con una guarnición de ensalada verde salpicada de sal marina y un poco de jugo de limón para una sensación picante extra.

Ingredientes (2 porciones):

2 filetes de trucha

15 gr. de piñones tostados y picados

25gr. de pan rallado

1 cucharadita de mantequilla blanda

1 cucharada de aceite de oliva

jugo y ralladura de 1 limón

1 manojo pequeño de perejil picado

Tiempo de preparación: 10 minutos

Tiempo de cocción: 5 minutos

Preparación:

Caliente la parrilla a alta temperatura. Coloque los filetes con la piel hacia abajo en una bandeja de horno untada con aceite.

Mezcle el pan rallado, el jugo y la ralladura de limón, la mantequilla, el perejil y la mitad de los piñones. Disperse la composición en una fina capa sobre los filetes, rocíe con el aceite y coloque esto en la parrilla durante 5 minutos. Espolvoree sobre el resto de los piñones y sirva con coliflor al vapor o judías verdes.

Valor nutricional por porción: 298 kilocalorías, 30 gr. de proteínas, 16 gr. de grasas (4 gr. de grasas saturadas), 10 gr. de carbohidratos (1 gr. de fibras, 1 gr. de azúcar), 11% de magnesio, 14% de vitamina B1, 41% de vitamina B3, 25% de vitamina B6, 150% de vitamina B12.

27. Estofado de mariscos picantes

Pruebe sus sentidos con esta mezcla picante de gambas, almejas y pescado blanco que ofrece una cantidad abundante de proteínas y cubre la mayor parte de las vitaminas del grupo B. Asegúrese de utilizar los mariscos frescos para maximizar el sabor salado de esta olla de cazuela.

Ingredientes (2 porciones):

100 gr. de grandes gambas peladas crudas

150 gr. de almejas

150 gr. de filetes de pescado blanco (cortados en pedazos de 3 cm)

250 gr. de patatas pequeñas nuevas, cortadas por la mitad y hervidas

130 gr. de tomates picados

350 ml de caldo de pollo

1 cebolla pequeña picada

2 dientes de ajo picados

1 chile ancho desecado

jugo de 1 limón

½ cucharadita de pimentón ahumado en caliente

½ cucharadita de comino molido

1 cucharada de aceite de oliva

rodajas de limón para servir (opcional)

Tiempo de preparación: 15 minutos

Tiempo de cocción: 30 minutos

Preparación:

Primero debe tostar los chiles en una sartén caliente y seca hasta que se hinchen un poco, luego quítelos de la sartén, sáquele las semillas y el tallo. Remójelos en agua hirviendo durante 15 minutos.

Caliente el aceite de oliva en una sartén grande, agregue la cebolla, el ajo y el condimento y cocine hasta que estén suaves. Agregue el pimentón, el chile, el comino, los tomates y el caldo y sofríe durante 5 minutos, luego coloque el puré en una licuadora hasta que quede suave. Vierta de nuevo en la cacerola y deje hervir. Agregue las gambas, filetes de pescado, almejas y patatas, coloque una tapa en la parte superior de la sartén y cocine durante 5 minutos a fuego medio-alto. Sirva con rodajas de limón si lo desea.

Valor nutricional por porción: 308 kilocalorías, 44 gr. de proteínas, 6 gr. de grasas (1 gr. de grasas saturadas), 28 gr. de carbohidratos (4 gr. de fibras, 7 gr. de azúcar), 1,1 gr. de sal, 18% de magnesio, 12% de vitamina A, 40% de vitamina C, 16% de vitamina B1, 10% de vitamina B2, 23% de vitamina B3, 26% de vitamina B6, 62% de vitamina B12.

CENA

28. Berenjena rellena

Esta comida vegetariana sabrosa, con un queso fresco y cubierta de pan rallado, es suave y perfecta para la cena. Olvídese de los pimientos rellenos y pruebe esta berenjena con un exquisito sabor.

Ingredientes (2 porción):

1 berenjena

60 gr. de mozzarella vegetariana cortada en pedazos

1 cebolla pequeña finamente picada

2 dientes de ajo finamente picados

1 cucharada de aceite de oliva, y una cucharada más para condimentar

2 dientes de ajo finamente picados

6 tomates cherry cortados por la mitad

un puñado de hojas de albahaca picadas

algunas migajas de pan integral fresco

Tiempo de preparación: 15 minutos

Tiempo de cocción: 40 minutos

Preparación:

Precaliente el horno eléctrico a 200ºC o el horno a gas a la séptima intensidad. Corte la berenjena por la mitad, de forma longitudinal, (puede dejar el tallo intacto o eliminarlo). Corte un borde interior de la berenjena de alrededor de 1 cm de espesor. Usando una cuchara, saque la pulpa de la berenjena hasta que se quede con 2 cáscaras. Pique la pulpa y colóquela a un lado. Vierta un poquito de aceite sobre las cáscaras, condimente y colóquelas en una fuente para horno. Cúbralas con un papel de aluminio y hornee durante 20 minutos.

Agregue el resto del aceite en una sartén antiadherente. Agregue la cebolla y cocine hasta que esté suave, luego coloque la pulpa de la berenjena picada y cocínela. Agregue el ajo y los tomates y cocine durante otros 3 minutos.

Cuando las cáscaras de la berenjena estén tiernas, retírelas del horno, rellénelas, espolvoree con algo de pan rallado y vierta un poco de aceite. Reduzca el horno eléctrico a 180ºC o el horno a gas a la sexta intensidad. Hornee durante 15-20 minutos, hasta que el queso se haya derretido y el pan rallado se haya dorado. Sirva con una ensalada verde.

Valor nutricional por porción 266 kilocalorías, 9 gr. de proteínas, 20 gr. de grasas (6 gr. de grasas saturadas), 14 gr. de carbohidratos (5 gr. de fibras, 7 gr. de azúcar), 1 gr. de sal, 15% de vitamina A, 19% de calcio.

29. Ensalada de naranja, nuez y queso azul

Pruebe esta ensalada dulce y salada con nueces picadas y queso azul desmenuzado para una cena suave. Esta receta, con una alta cantidad de grasas saludables y vitamina C y sin necesidad de cocción, tarda sólo 10 minutos para prepararse y es una gran manera de terminar un día ajetreado.

Ingredientes (2 porciones):

1 bolsa de 100 gr. de ensalada mixta (espinacas, rúcula y berro)

1 naranja grande

40 gr. de nueces picadas

70 gr. de queso azul desmenuzado

1 cucharadita de aceite de nuez

Tiempo de preparación: 10 minutos

Sin cocinar

Preparación:

Vacíe la bolsa de ensalada en un tazón. Pele las naranjas y corte los segmentos de la médula en un tazón pequeño para coger el jugo. Bata el aceite de nuez en el jugo de naranja y luego vierta sobre las hojas de ensalada. Mezcle la ensalada, distribuya sobre los gajos de naranja, el queso azul y las nueces y sirva.

Valor nutricional por porción: 356 kilocalorías, 14 gr. de proteínas, 30 gr. de grasas (10 gr. de grasas saturadas), 8 gr. de carbohidratos (3 gr. de fibras, 8 gr. de azúcar), 19% de calcio, 10% de magnesio, 20% de vitamina A, 103% de vitamina C, 10% de vitamina B1.

30. Arroz mexicano y ensalada de frijoles

Esta comida picante con baja cantidad de grasas y sabores de América Latina, está llena de verduras y es ideal para disfrutar de una cena completa. Retoque un poco esta comida y use una lata de frijoles mixtos para un plato más colorido.

Ingredientes (2 porciones):

90 gr. de arroz integral

200 gr. de ensalada de frijol negro escurrido

½ aguacate maduro picado

2 cebollas de primavera picadas

½ pimiento rojo sin semillas y picado

Jugo de ½ limón

1 cucharadita de mezcla de especias Cajún

pequeño manojo de cilantro picado

Tiempo de preparación: 15 minutos

Tiempo de cocción: 20 minutos

Preparación:

Cocine el arroz siguiendo las instrucciones en el paquete. Escurra y enfríe con agua corriente hasta que esté frío. Agregue los frijoles, el pimiento, las cebollas y el aguacate.

Mezcle el jugo de limón con pimienta negra y las especias Cajún, luego vierta sobre el arroz. Agregue el cilantro y sirva.

Valor nutricional por porción: 326 kilocalorías, 11 gr. de proteínas, 10 gr. de grasas (2 gr. de grasas saturadas), 44 gr. de carbohidratos (6 gr. de fibras, 4 gr. de azúcar), 10% de hierro, 15% de magnesio, 11% de vitamina B1, 13% de vitamina B6.

31. Curry de garbanzos y espinacas

Pruebe esta comida caliente para disfrutar de una gran noche. Con una alta cantidad de vitamina A y proteínas, este plato vegetariano se puede servir con un poco de Naan. Tenga cuidado con las calorías extra, aunque una pieza de pan Naan contiene aproximadamente 140 kilocalorías.

Ingredientes (2 porciones):

1 lata de 400 gr. de garbanzos escurridos

200 gr. de tomates cherry

130 gr. de hojas de espinaca fresca

1 cucharada de pasta de curry

1 cebolla pequeña picada

zumo de limón

Tiempo de preparación: 5 minutos

Tiempo de cocción: 15 minutos

Preparación:

Caliente la pasta de curry en una sartén antiadherente. Cuando se empieza a dividir, agregue la cebolla y cocine por 2 minutos hasta que se ablande. Coloque los tomates y burbujee hasta que la salsa se haya reducido.

Agregue los garbanzos y algunos condimentos y cocine por un minuto más. Retire del fuego, luego coloque la espinaca (el calor de la sartén marchitará las hojas). Condimente, agregue el jugo de limón y sirva.

Valor nutricional por porción: 203 kilocalorías, 9 gr. de proteínas, 4 gr. de grasas, 28 gr. de carbohidratos (6 gr. de fibras, 5 gr. de azúcar), 1,5 gr. de sal, 25% de hierro, 29% de magnesio, 129% de vitamina A, 61% de vitamina C, 58% de vitamina B6.

32. Vegetal tailandés y caldo de leche de coco

Una porción de fideos de huevo cubierta con un delicioso caldo de verduras le da un sabor tailandés delicioso y rápido. Si usted prefiere un caldo grueso, utilice menos caldo de verduras de acuerdo al gusto.

Ingredientes (2 porciones):

200 ml de leche de coco en lata con la mitad de grasa

500 ml de caldo de verduras

90 gr. de fideos de huevo

1 zanahoria cortada en juliana

¼ de hojas de verduras chinas en rodajas

75 gr. de brotes de soja

3 tomates cherry reducidos a la mitad

2 pequeñas cebollas de primavera cortadas por la mitad, de forma longitudinal, y en rodajas

jugo de ½ limón

1 ½ cucharaditas de pasta de curry rojo tailandés

1 cucharadita de azúcar moreno

1 cucharada de aceite de oliva

un puñado de cilantro picado

Tiempo de preparación: 15 minutos

10 minutos de tiempo de cocción

Preparación:

Caliente el aceite en un wok, luego agregue la pasta de curry y comience a freír durante 1 minuto hasta que esté fragante. Agregue el caldo de verduras, el azúcar moreno y la leche de coco y cocine a fuego lento durante 3 minutos.

Coloque los fideos, las zanahorias y las hojas de verduras chinas y cocine a fuego lento hasta que estén tiernos. Agregue los brotes de soja y los tomates, el jugo de limón al gusto y un poco de condimento extra. Coloque la mezcla en bols y espolvoree con cilantro y cebollas de primavera.

Valor nutricional: 338 kilocalorías, 10 gr. de proteínas, 14 gr. de grasas (7 gr. de grasas saturadas), 46 gr. de carbohidratos (5 gr. de fibras, 12 gr. de azúcar), 1,2 gr. de sal, 14% de hierro, 16% de magnesio, 10% de vitamina B3.

33. Calabacines rellenos

Una cena vegetariana saludable ideal para llenar su estómago y una delicia para hornear. Los calabacines se condimentan con una mezcla de piñones, tomates secos y queso parmesano fino. Usted puede condimentar los calabacines con un poco de pesto en lugar de aceite de oliva, antes de colocarlos en el horno.

Ingredientes (2 porciones):

2 calabacines cortados por la mitad en sentido longitudinal

2 cucharaditas de aceite de oliva

ensalada mixta para servir

Relleno:

25 gr. de piñones

3 cebollas de primavera finamente rebanadas

1 diente de ajo machacado

3 tomates secos en aceite, escurridos

12 gr. queso parmesano rallado

25 gr. de migajas de pan blanco secas

1 cucharadita de hojas de tomillo

Tiempo de preparación: 10 minutos

Tiempo de cocción: 35 minutos

Preparación:

Precaliente el horno eléctrico a 200ºC o el horno a gas a la séptima intensidad. Coloque los calabacines en una fuente refractaria, corte hacia arriba. Vierta ligeramente una cucharada de aceite y hornee durante 20 minutos.

Mezcle todos los ingredientes del relleno en un bol y condimente con pimienta negra, espolvoree la mezcla en la parte superior de los calabacines y rocíe con el aceite de oliva restante. Hornee durante 10-15 minutos hasta que los calabacines estén suaves y el relleno esté nítido. Sirva caliente con una ensalada mixta.

Valor nutricional por porción: 244 kilocalorías, 10 gr. de proteínas, 17 gr. de grasas (3 gr. de grasas saturadas), 14 gr. de carbohidratos (3 gr. de fibras, 5 gr. de azúcar), 56% de vitamina C, 16% de vitamina B2, 21% de vitamina B6.

34. Ensalada de fruta

Una ensalada de frutas con vitamina C, endulzada con miel y lista para servir en 10 minutos. Prepare esta sencilla ensalada de frutas al agregar una pizca de menta recién cortada.

Ingredientes (1 porción):

1 toronja, cáscara y médula cortadas

2 albaricoques en rodajas

2 naranjas, cáscaras y médula cortadas

1 cucharadita de miel clara

5 minutos de tiempo de preparación

Sin cocinar

Preparación:

Coloque los albaricoques en un tazón grande. Segmente las naranjas y pomelos en el tazón para atrapar los jugos. Agregue la miel y sirva.

Valor nutricional por porción: 166 kilocalorías, 4 gr. de proteínas, 36 gr. de hidratos de carbono (8 gr. de fibras, 28 gr. de azúcar), 46% de vitamina A, 184% de vitamina C, 13% de vitamina B1.

35. Champiñones condimentados

Disfrute de una comida picante, saludable, con una ensalada fresca y crujiente. Duplique la porción para un contenido superior de fibras y proteínas o acompáñela con una rebanada media de baguette con alrededor de 150 kilocalorías por pieza.

Ingredientes (2 porciones):

8 hongos grandes planos

2 dientes de ajo machacado

2 cucharadas de aceite de oliva

2 cucharadas de salsa inglesa

2 cucharadas de mostaza de grano entero

1 cucharadita de pimentón

Bolsa de 140 gr. de hojas de ensalada mezcladas, con berros y acelgas rubí

Tiempo de preparación: 10 minutos

Tiempo de cocción: 15 minutos

Preparación:

Precaliente el horno eléctrico a 180ºC o el horno a gas a la sexta intensidad. Mezcle la mostaza, el aceite, el ajo y la salsa inglesa en un tazón grande, luego condimente con pimienta recién molida negra y sal. Agregue los champiñones a la mezcla y revuelva bien para cubrir uniformemente. Colóquelos a un lado en una fuente refractaria, espolvoree con el pimentón y hornee durante 8-10 minutos.

Divida las hojas de ensalada entre dos platos con 4 champiñones en cada plato. Vierta los jugos y sirva inmediatamente.

Valor nutricional por porción: 102 kilocalorías, 8 gr. de proteínas, 14 gr. de grasas (2 gr. de grasas saturadas), 8 gr. de carbohidratos (4 gr. de fibras), 1 gr. de sal, 20% de vitamina B2, 16% de vitamina B3.

36. Trucha ahumada con ensalada de remolacha, hinojo y manzana

Un pescado ahumado en caliente complementado por una manzana crujiente y la colorida remolacha, hace que este plato sea una ensalada exótica con una combinación de sabor magnífico. La trucha es una fuente ideal de vitamina B12 y proteínas de alta calidad.

Ingredientes (2 porciones):

140 gr. de filete de trucha ahumada sin piel

100 gr. de remolacha fresca en vinagre, escurrida y cortada en cuatro partes

4 cebollas de primavera en rodajas

1 manzana verde, sin la parte central ni las semillas, cortada en cuatro partes y en rodajas

½ bulbo pequeño de hinojo, recortado y en rodajas finas

pequeño manojo de hojas de eneldo finamente picadas

2 cucharadas de yogur descremado

1 cucharadita de salsa de rábano picante

Tiempo de preparación: 10 minutos

Sin cocinar

Preparación:

Coloque el hinojo en un plato y disperse las remolachas, las cebollas de primavera y la manzana. Corte la trucha en trozos gruesos y colóquelas en la parte superior. Espolvoree con la mitad del eneldo.

Mezcle el yogur y el rábano picante con 1 cucharada de agua fría, luego agregue el resto del eneldo y revuelva. Vierta la mitad del aderezo sobre la ensalada y mezcle ligeramente, luego agregue el resto del aderezo y sirva.

Valor nutricional por porción: 183 kilocalorías, 19 gr. de proteínas, 5 gr. de grasas (1 gr. de grasas saturadas), 16 gr. de carbohidratos (5 gr. de fibras, 16 gr. de azúcar), 1.6 gr. de sal, 12% de hierro, 11% de vitamina A, 20% de vitamina C, 20% de vitamina B1, 17% de vitamina B2, 20% de vitamina B3, 100% de vitamina B12.

37. Zanahorias asadas con granada y queso azul

Una comida completa cuando se trata de nutrientes, esta combinación de verduras dulces y jugos amargos es una opción de cena saludable e interesante. Asegúrese de mantener las semillas de granada separadas y añadirlas justo antes de servir si usted planea hacer una gran hornada.

Ingredientes (2 porciones):

375 gr. de zanahorias

40 gr. de semillas de granada

50 gr. de queso de cabra desmenuzado

200 gr. de garbanzos en lata, escurridos

ralladura y jugo de ½ naranja

1 cucharada de aceite de oliva

1 cucharadita de semillas de comino

pequeño manojo de menta picada

Tiempo de preparación: 10 minutos

Tiempo de cocción: 50 minutos

Preparación:

Precaliente el horno eléctrico a 170ºC o el horno a gas a la quinta intensidad. Ponga las zanahorias en un tazón y mezcle con la mitad del aceite de oliva, las semillas de comino, la ralladura de naranja y la sal. Coloque las zanahorias en una bandeja grande para hornear y cocine durante 50 minutos hasta que estén tiernas y tengan un poco de color en los bordes.

Revuelva los garbanzos en las zanahorias asadas, luego coloque esto en un plato para servir. Vierta el aceite restante y el jugo de naranja. Agregue el queso de cabra desmenuzado, distribúyalo con las semillas de granada y hierbas, y luego sirva.

Valor nutricional por porción: 285 kilocalorías, 12 gr. de proteínas, 15 gr. de grasas (6 gr. de grasas saturadas), 30 gr. de carbohidratos (6 gr. de fibras, 16 gr. de azúcar), 15% de calcio, 12% de hierro, 14% de magnesio, 610% de vitamina A, 28% de vitamina C, 12% de vitamina B1, 18% de vitamina B2, 11% de vitamina B3, 37% de vitamina B6.

38. Sopa de lentejas, zanahoria y naranja

Una sopa interesante hecha con jugo de naranja que le brindará una cantidad mayor de vitamina C que el monto diario requerido. Saludable, con una combinación de sabores única, esta receta es una delicia picante. Puede hacerlo menos denso vertiendo un poco de agua si lo encuentra demasiado grueso.

Ingredientes (2 porciones):

75 gr. de lentejas rojas

225 gr. de zanahorias en cubitos

300 ml de jugo de naranja

1 cebolla picada

600 ml de caldo de verduras

2 cucharadas de yogur descremado

1 cucharadita de semillas de comino

2 cucharaditas de semillas de cilantro

cilantro fresco picado para adornar

Tiempo de preparación: 15 minutos

Tiempo de cocción: 35 minutos

Preparación:

Aplaste las semillas en un mortero, luego deje secar y fríe durante 2 minutos hasta que se doren ligeramente. Agregue las lentejas, las zanahorias, la cebolla, el jugo de naranja, el caldo, y condimente y deje hervir. Tape y cocine a fuego lento durante 30 minutos hasta que las lentejas se hayan suavizado.

Transfiera la mezcla a un procesador de alimentos y mezcle hasta que esté suave. Vuelva a la sartén, caliente a fuego medio y revuelva de vez en cuando. Condimente a gusto, luego coloque la comida en tazones, vierta el yogur por encima, espolvoree con las hojas de cilantro y sirva.

Valor nutricional por porción: 184 kilocalorías, 8 gr. de proteínas, 2 gr. de grasas, 34 gr. de carbohidratos (4 gr. de fibras), 1 gr. de sal, 340% de vitamina A, 134% de vitamina C, 16% de vitamina B1, 11% de vitamina B3, 13% de vitamina B6.

39. Curry rojo vegetariano

Podría llevar casi una hora prepararlo, pero este plato tailandés fragante seguramente le encantará a su paladar. Rico en nutrientes, este curry vegetariano cremoso tiene los ingredientes de un plato independiente, pero también puede ser servido con una guarnición de arroz integral hervido con 175 kilocalorías extras.

Ingredientes (2 porciones):

70 gr. de hongos partidos

70 gr. de guisantes azucarados

½ calabacín picado en trozos

½ berenjena cortada en trozos

100 gr. de tofu firme picado en cubos

Lata de 200 ml de leche de coco descremada

1 chile rojo (½ finamente picado, ½ rebanado en rodajas)

¼ de pimiento rojo sin semillas y picado en grietas

2 cucharadas de salsa de soja

Jugo de 1 limón

1 cucharada de aceite de oliva

10 gr. de hojas de albahaca

½ cucharadita de azúcar moreno

Pasta:

3 chalotes picados

2 pequeños chiles rojos

½ hierba de limón picada

1 dientes de ajo

Paquete de 10 gr. de tallos de cilantro

½ pimiento rojo sin semillas y picado

ralladura de ½ limón

¼ de cucharadita de raíz de jengibre rallado

½ cucharadita de cilantro molido

½ cucharadita de pimienta recién molida

Tiempo de preparación: 30 minutos

Tiempo de cocción: 20 minutos

Preparación:

Marinar el tofu con la mitad del jugo de limón, 1 cucharada de salsa de soja y el chile picado.

Coloque los ingredientes de la pasta en un procesador de alimentos.

Caliente la mitad del aceite en una sartén, agregue 2 cucharadas de pasta y freír durante 2 minutos. Agregue la leche de coco con 50 ml de agua, la berenjena, el calabacín y el pimiento. Cocine hasta que estén casi tiernos.

Escurra el tofu, deje secar y luego comience a freírlo con el aceite restante en una cacerola pequeña hasta que se dore.

Agregue los champiñones, los guisantes azucarados y la mayor parte de la albahaca, luego condimente con el azúcar, el resto del jugo de limón y la salsa de soja. Cocine hasta que los champiñones estén tiernos, luego agregue el tofu y cocínelo. Espolvoree con la albahaca, esparza el chile en rodajas y sirva.

Valor nutricional por porción: 233 kilocalorías, 8 gr. de proteínas, 18 gr. de grasas (10 gr. de grasas saturadas), 11 gr. de carbohidratos (3 gr. de fibras, 7 gr. de azúcar), 3 gr. de sal, 13% de calcio, 12% de hierro, 14% de magnesio, 11% de vitamina A, 65% de vitamina C, 15% de vitamina

B1, 21% de vitamina B2, 12% de vitamina B3, 22% de vitamina B6.

40. Pilaf de hongos con limón

Este pilaf de hongos con baja cantidad de grasas es su alternativa más suave para el risotto. Arroje un puñado de guisantes verdes para un plato más colorido, y no dude en cambiar las cebolletas con cebollas de primavera, si lo desea.

Ingredientes (2 porciones):

100 gr. de arroz integral

150 gr. de hongos en rodajas

250 ml de caldo de verduras

1 cebolla pequeña en rodajas

1 diente de ajo machacado

3 cucharadas de queso blando con ajo y hierbas

ralladura y jugo de ½ limón

pequeño manojo de cebollino cortado

Tiempo de preparación: 10 minutos

Tiempo de cocción: 30 minutos

Preparación:

Coloque la cebolla en una sartén antiadherente, agregue unas cucharadas del caldo y cocine por unos 5 minutos hasta que se ablande. Agregue el ajo y los champiñones y cocine por 2 minutos más. Mientras mezcla, agregue el arroz y la ralladura y jugo de limón. Vierta el caldo de verduras y el aderezo restante y deje hervir. Baje la intensidad del fuego, tape la olla y deje que se cocine a fuego lento durante 30 minutos hasta que el arroz esté tierno. Revuelva la mitad de cada una de las cebolletas y el queso suave. Separe la comida entre 2 platos y sirva cubierto con el queso y el cebollino suave restante.

Valor nutricional por porción: 249 kilocalorías, 12 gr. de proteínas, 4 gr. de grasas (2 gr. de grasas saturadas), 44 gr. de carbohidratos, (2 gr. de fibras, 4 gr. de azúcar), 11% de vitamina A, 23% de vitamina B2.

OTROS GRANDES TÍTULOS DE ESTE AUTOR

35 Recetas para Bajar tu Presión Arterial

Por Joseph Correa

50 Jugos para Adelgazar

Por Joseph Correa

50 Batidos de Fisicoculturismo para Aumentar la Masa Muscular

Por Joseph Correa

www.ingramcontent.com/pod-product-compliance
Lightning Source LLC
Chambersburg PA
CBHW070153080526
44586CB00015B/1975